DATE DUE

Los sonidos que nos rodean

¿Cómo oímos?

Charlotte Guillain

Heinemann Library
Chicago, Illinois

www.heinemannraintree.com
Visit our website to find out more information about Heinemann-Raintree books.

To order:
☎ Phone 888-454-2279
▭ Visit www.heinemannraintree.com to browse our catalog and order online.

Designed by Joanna Hinton-Malivoire
Original illustrations © Capstone Global Library Ltd
Illustrations: Tony Wilson (p. 12-16)
Photo research by Tracy Cummins and Tracey Engel
Translated into Spanish by DoubleO Publishing Services
Printed and bound in China by Leo Paper Group

13 12 11 10
10 9 8 7 6 5 4 3 2 1

Library of Congress Cataloging-in-Publication Data
Guillain, Charlotte.
[How do we hear? Spanish]
¿Cómo oímos? / Charlotte Guillain.
    p. cm. -- (Los sonidos que nos rodean)
Includes index.
ISBN 978-1-4329-4264-9 (hb) -- ISBN 978-1-4329-4269-4 (pb)
1. Hearing--Juvenile literature. 2. Sound-waves--Juvenile literature. 3. Sound--Juvenile literature. I. Title.
QP462.2.G8518 2011
612.8'5--dc22
                    2010002876

Acknowledgments
The author and publishers are grateful to the following for permission to reproduce copyright material: Alamy pp. **4 top left** (©UpperCut Images), 6 (©Hemis), 10 (©Patrick Steel), 11 (©Mihaela Ninic), 17 (©WoodyStock), 19 (©Human Nature), 21 (©AfriPics.com), **23b** (©Human Nature); Getty Images pp. 18 (©Photographer's Choice/Adrian Pope), 20 (©Visuals Unlimited/Reinhard Dirscherl); iStockPhoto pp **4 bottom right** (©Peeter Viisimaa), **4 top right** (©Frank Leung), 7 (©Ahmad Faizal Yahya), 8 (©ManoAfrica), **23c** (©Frank Leung), **23d** (©Ahmad Faizal Yahya); Photolibrary pp. **5** (©Stockbyte), 9 (©PureStock); Shutterstock p. **4 bottom left** (©devi).

Cover photograph of a boy whispering into a girl's ear reproduced with permission of Getty Images (©Steve Satushek). Back cover photograph of a desert lynx (caracal) reproduced with permission of Photo Library (©Pure Stock).

The publishers would like to thank Nancy Harris and Adriana Scalise for their assistance in the preparation of this book.

Every effort has been made to contact copyright holders of any material reproduced in this book. Any omissions will be rectified in subsequent printings if notice is given to the publisher.

Contenido

Sonidos

Hay muchos tipos diferentes de sonidos.

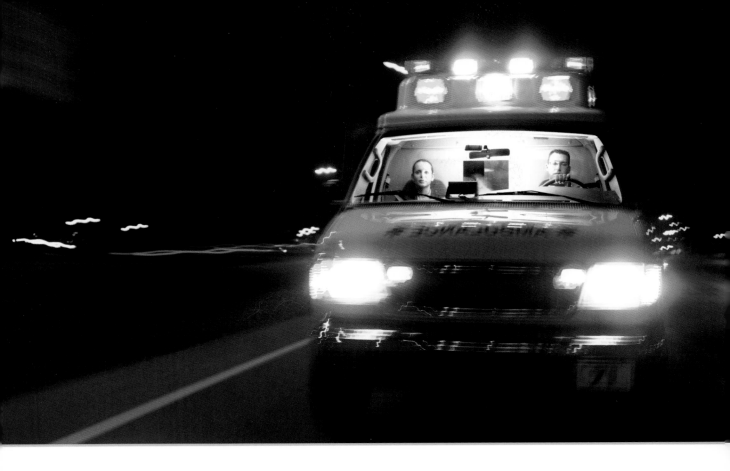

Todos los días oímos sonidos diferentes a nuestro alrededor.

¿Qué son los sonidos?

Los sonidos hacen que el aire tiemble, o vibre.

onda sonora

La vibración del aire se llama onda sonora.

Oídos

onda sonora

Las ondas sonoras viajan a través del aire.

Los animales necesitan oídos para oír las
ondas sonoras.

Las personas necesitan oídos para oír las ondas sonoras.

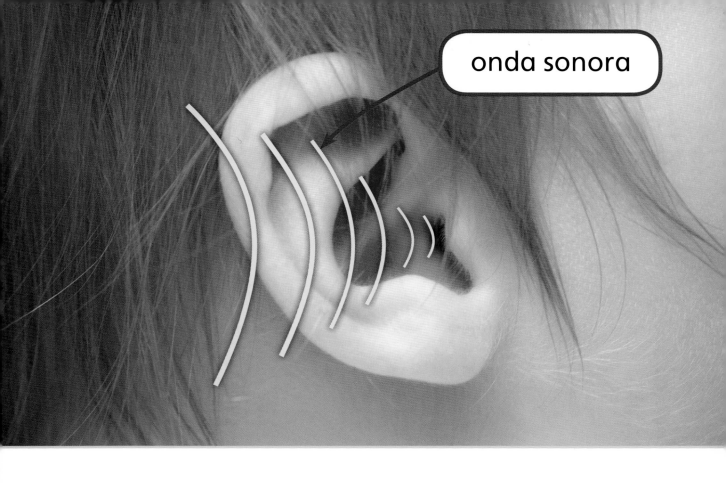

onda sonora

Las personas necesitan oídos para captar las ondas sonoras.

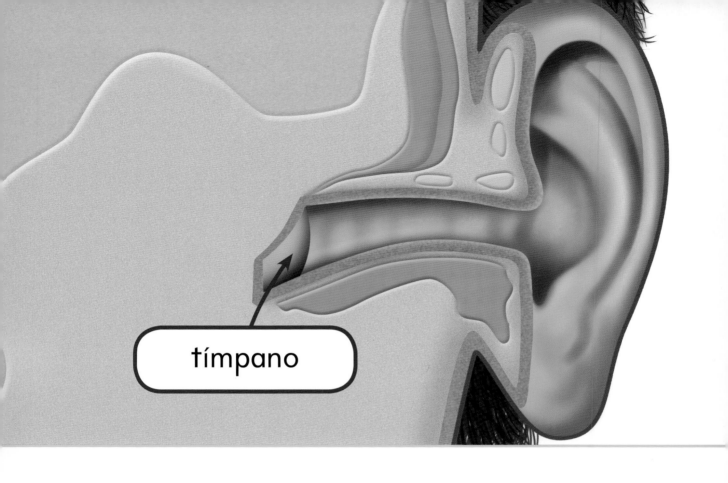

tímpano

El tímpano está dentro de nuestro oído.

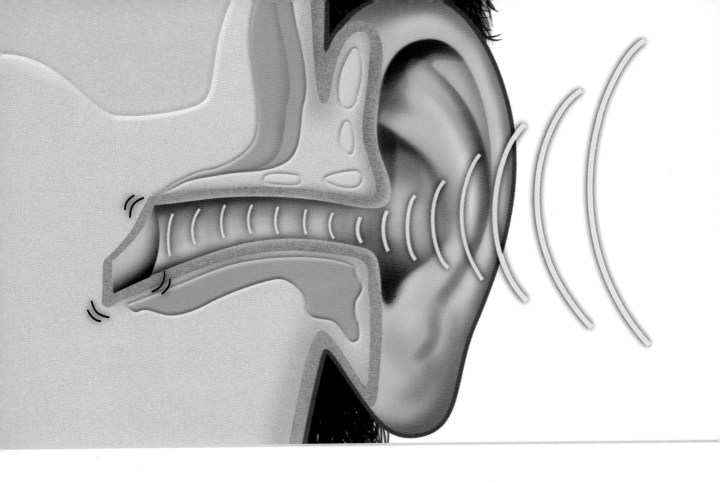

Las ondas sonoras hacen que vibre
el tímpano.

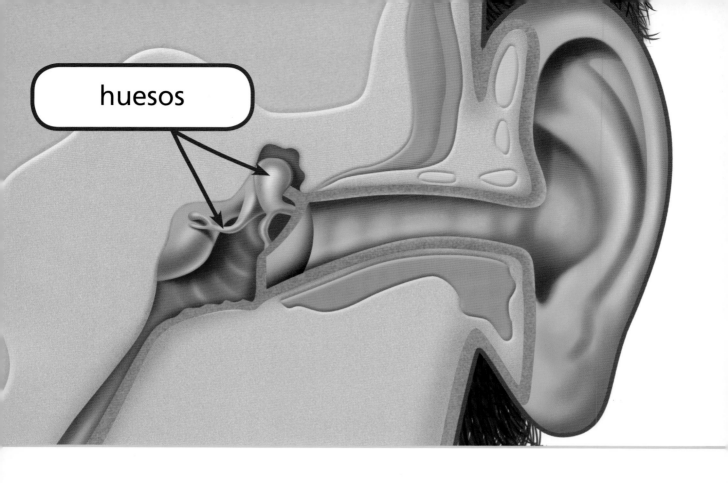

huesos

Hay pequeños huesos dentro de
nuestro oído.

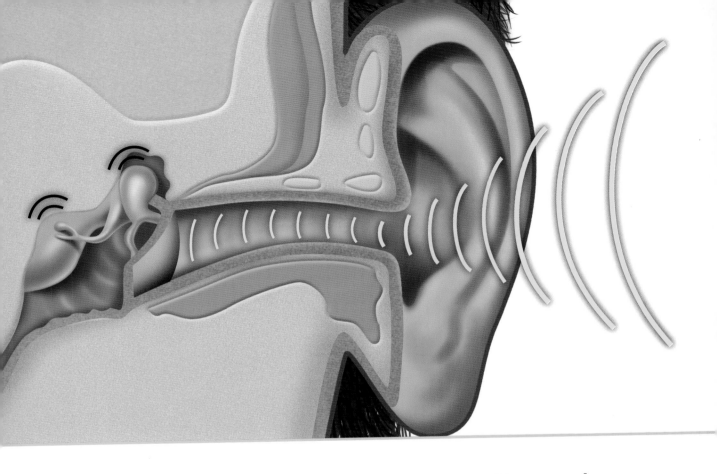

Las ondas sonoras hacen que vibren los pequeños huesos.

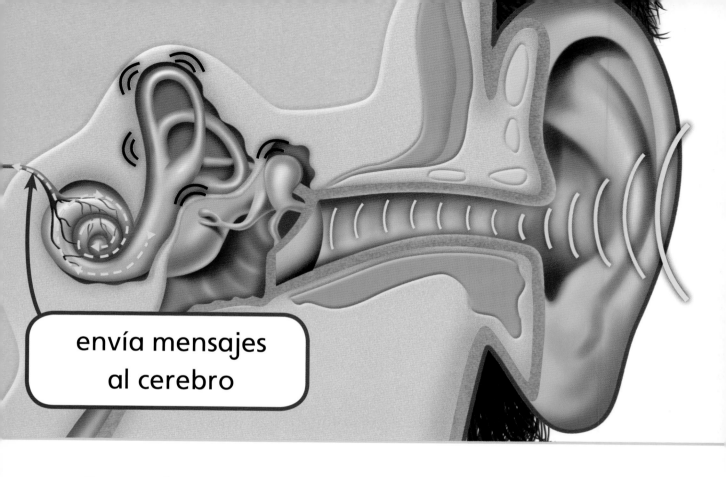

envía mensajes
al cerebro

Cuando nuestro oído vibra, envía
mensajes a nuestro cerebro.

Estos mensajes indican lo que oímos.

Sentidos

El oído es uno de nuestros sentidos.

Los otros sentidos son la vista, el olfato, el gusto y el tacto.

¿Cómo oyen los animales?

Muchos animales pueden oír sonidos que nosotros no podemos oír.

Muchos animales pueden oír
sonidos lejanos.

¿Qué aprendiste?

- La vibración del aire se llama onda sonora.

- Las personas necesitan oídos para captar las ondas sonoras.

- Cuando tu oído vibra, envía mensajes a tu cerebro.

- Muchos animales pueden oír sonidos que nosotros no podemos oír.

Glosario ilustrado

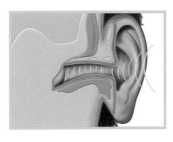

tímpano parte interior de tu oído que vibra cuando el sonido lo golpea

sentido algo que te permite oler, ver, tocar, saborear y oír las cosas que te rodean

onda sonora cuando el aire tiembla muy rápido

vibrar temblar muy rápido

23

Índice

Nota a padres y maestros
Antes de leer
Explique a los niños que todos los días producimos sonidos y oímos los sonidos que nos rodean. Explíqueles que los sonidos hacen que el aire vibre y que cuando el aire vibra, produce ondas sonoras. Explíqueles también que nuestros oídos captan las ondas sonoras y así es como oímos los sonidos.

Después de leer
• Haga con los niños una tabla sobre los sonidos que oyen todos los días.
• Haga un diagrama básico del oído y entregue una copia a cada niño. Trabaje con toda la clase para rotular las diferentes partes del oído.